Consciência Coletiva: Como Transcender a Consciência de Massa e Se Tornar Um com o Universo

Dan Desmarques

Published by 22 Lions Bookstore, 2019.

Direitos Autorais

Consciência Coletiva: Como Transcender a Consciência de Massa e Se Tornar Um com o Universo

Escrito por Dan Desmarques

Copyright © Dan Desmarques, 2019 (1ª Ed.). Todos os Direitos Reservados.

Publicado por 22 Lions Bookstore & Publishing House

Sobre a Editora

Sobre a 22 Lions Bookstore:

www.22Lions.com

Facebook.com/22Lions

Twitter.com/22lionsbookshop

Instagram.com/22lionsbookshop

Pinterest.com/22lionsbookshop

Introdução

O termo consciência cósmica, ou consciência coletiva, embora amplamente estudado em psicologia, e explicado por muitos no campo da espiritualidade, nunca foi totalmente compreendido e esclarecido adequadamente em um nível mais alto do que o geralmente possível na Terra. E a razão para isso, é que tais termos geralmente são mal interpretados em uma escala mais ampla, pois como poderíamos usar palavras como "cósmica" ou "coletiva" sem entender primeiro consciência desse outro ponto de vista, muito mais amplo e mais evoluído que o nosso? E como muitos podem afirmar entender a espiritualidade sem entendê-la primeiro da perspectiva dos reinos mais elevados, que transcendem o nosso? Muitos dos indivíduos que tentaram isso, como verifiquei, nem sequer acreditam na vida em outros planetas, ou têm uma visão completamente distorcida de como os seres de outras galáxias manifestam sua própria consciência, mostrando, portanto, uma versão da verdade que, de fato, manifesta suas próprias ideologias. E é então sem surpresa que a humanidade permanece tão perdida como sempre, no que diz respeito a encontrar o caminho certo ou descartar o caminho errado. Por esse motivo, neste livro, uma perspectiva clara e linear é mostrada a você, descrevendo os valores exatos e os estados mentais que devem ser adquiridos por quem deseja se autoavaliar no caminho da ascensão, pois eles estão inter-relacionados com a mesma consciência manifestada em realidades onde os habitantes de tais mundos são muito mais evoluídos do que os da Terra. A perspectiva apresentada aqui, embora espiritual, é baseada nas realidades apresentadas em muitos outros universos e, portanto, explícita, mostrando como encontrar a verdade interior que o guiará em direção a um estado evolutivo mais alto, com exatidão, precisão e muito mais rápido do que o que qualquer outro método de qualquer outra escola de conhecimento pode oferecer a você.

O Que é a Consciência de Massa?

Pelo que cheguei a entender, dentro da minha quantidade atual de percepções, existe apenas uma certa proporção de consciência que é relativa a toda realidade. Isso significa que, em todo planeta, há uma quantidade limitada de percepções compartilhadas pelo coletivo, vivendo nessa realidade específica, e que tende a estar dentro de um contexto que nega padrões inferiores e superiores àquele que o experimenta.

Podemos entender melhor isso comparando-nos ao nosso passado humano na Terra, ou mesmo entre gerações, pois é relativamente fácil perceber que alguns valores são adotados como mais importantes, enquanto outros ficam para trás, a cada transição no tempo. E, embora muitas vezes pareça, para aqueles que ficam para trás, que há uma certa degradação de escolhas a abraçar, a verdade é que também há um elemento espiritual que permeia todas as transições no tempo e é paralelo a qualquer demonstração física dessa transição.

Esse elemento espiritual, universal, conhecido como Deus, Consciência de Deus, Espírito Santo ou apenas "A Luz", favorece e prioriza uma integração mais profunda entre mente, corpo e alma, juntamente com uma atribuição mais significativa às nossas emoções e propósitos na vida como coletivo.

Sempre que uma transição não é apresentada naturalmente, com fluidez e tranquilidade, notamos uma ruptura rebelde, anárquica e até violenta para com os valores antigos, na forma de crime, guerras e outras formas de violência — ou seja, atos imorais e outras violações de livre arbítrio em menor ou maior grau.

A morte torna-se então o preço final a pagar por um desvio à parte da Verdade Divina. E é porque, como coletivo, a humanidade sempre sentiu que isso é um fato, que procurou ter essa verdade protegida e abraçada pela cultura, costumes e hábitos.

Certamente, podemos ver como isso resultou para todos, pois a religião ganhou um tremendo poder com as necessidades e medos do coletivo, e frequentemente usou a ignorância desse coletivo, para favorecer governos gananciosos, para cumprir agendas políticas e até aniquilar a totalidade de seus seguidores.

DAN DESMARQUES

Profetas, como Jesus, desceram à Terra para mostrar exatamente isso à humanidade e foram mortos, não por razões religiosas ou espirituais, pois as pessoas de seu tempo eram mais abertas à diversidade na adoração religiosa do que gostaríamos de acreditar hoje, mas por razões políticas.

Essa divisão entre estado e religião encontrou seus maiores conflitos, primeiro com a perseguição dos Cavaleiros Templários por toda a Europa e depois com a Segunda Guerra Mundial. Pelo caminho, enfrentámos catástrofes menores, mas igualmente significativas, contra o livre arbítrio, com a Inquisição, a perseguição aos gnósticos e cátaros e a criação de ideologias políticas como o comunismo.

Hoje, os poderes da religião e do governo parecem estar mais unificados do que nunca, graças ao controle que ambos têm e compartilham nos campos da ciência e da educação. E é precisamente por essa razão que a humanidade se distanciou da Verdade Divina — agora atribuída a essas duas ordens, completamente sob a autoridade daqueles que estão acima delas e subjugadas à vontade dos mesmos, em vez de uma verdade científica — ou mesmo o propósito de realmente educar as massas. É por isso que educação e ciência são organizadas para favorecer lobbies, corporações e ideologias que mantêm essa hierarquia social, porém tirânica, no lugar.

Em tal hierarquia, encontramos a mídia, os serviços secretos e as forças de segurança, garantindo que essa estrutura seja mantida em ordem, seja através da lavagem cerebral das massas, da deliberada depreciação da humanidade ou da opressão e prisão de dissidentes políticos.

É interessante como a história se repete na Terra há milhares de anos, não é verdade? Mas levando em consideração que Jesus foi julgado em público, em vez de eliminado em particular sob o pretexto de cometer suicídio, e que o Império Romano era muito mais liberal em diversidade cultural do que somos hoje, especialmente em grandes países como a China comunista, onde sua população representa quase 20% da população mundial e seus cidadãos são instigados a espionar uns aos outros e a estrangeiros usando aplicativos móveis, podemos dizer honestamente que o mundo de hoje é muito mais opressivo do que alguma vez foi.

CONSCIÊNCIA COLETIVA

A hierarquia da humanidade é agora antinatural, e também anticristã, e viola muitas leis do espírito, que por enquanto se mostram em um nível mais profundo, no subconsciente do coletivo, mas que, se mantidas suprimidas por tempo suficiente, se apresentarão como a aniquilação de grandes números da população terrestre.

A Necessária Reforma da Consciência

Não existe uma transição no tempo sem mudanças visíveis, tanto a nível físico quanto espiritual, e que são, neste último caso, criadas pelo coletivo. Nesse sentido, se uma geração favorece a estagnação durante a vida, a próxima provavelmente favorece o seu oposto, isto é, um desapego completo da responsabilidade. E se uma geração aprender a passar pela vida reprimindo emoções, a próxima provavelmente as abraçará incontrolavelmente.

Podemos ver essa transição dentro de uma família, de pais para filhos, mas isso não significa necessariamente que uma geração seja melhor que outra. Pois devemos entender que, dentro da complexidade de nossa evolução espiritual e cósmica, nos níveis mais baixos desse processo, ainda estamos presos na teia de valores religiosos e culturais, bem como no sistema de organização social que criamos para nós mesmos ou aprendemos a aceitar.

A Terra, neste momento, é fundamentalmente uma construção artificial feita pelas mentes de muitos ao longo de sua experiência de sobrevivência e que, nos últimos séculos, testemunhou muitas guerras devastadoras. E assim, os sistemas que atualmente temos e percebemos como naturais não são naturais, mas apenas a adaptação resultante de séculos de sofrimento. Em outras palavras, acreditamos no que parece nos proteger melhor e definimos nossos critérios mentais, e até morais, nessa ordem de prioridades.

É por isso que, sempre que os governos querem mudar nossa ordem de prioridades ou até mudar nossos valores morais para a aceitação de agendas políticas específicas, primeiro atacam nosso senso de segurança, permitindo ou promovendo ações terroristas, a propagação de doenças — muitas das quais criadas em laboratório — ou ameaçam deliberadamente nossa sobrevivência, através de ataques a nossas contas bancárias; todas as ações parecem se justificar com razões econômicas, políticas ou culturais, isto é, motivos abstratos e intrincados que ninguém é inteligente o suficiente, competente o suficiente ou, pelo menos, tem tempo suficiente para analisar.

Enquanto isso, a inadequação de tal sistema de crenças, em suas complexidades, que interferem em nossa ordem social, manifesta-se em nosso sofrimento espiritual, em nossa depressão, ansiedades e profunda necessidade de mais da vida. E, instintivamente, tentamos obter mais, de nossos relacionamentos, e formando nossa própria família, para contrabalançar tudo o resto. É por isso que o conceito de amor e família é tão importante para muitos e muitas vezes visto como um critério básico para a sobrevivência.

Do ponto de vista emocional, esse comportamento faz sentido, mas realisticamente falando, muitas vezes carece de confiança, honestidade, comprometimento, autoconsciência e muitas outras qualidades que poucos percebem que faltam em si mesmos. E, curiosamente, é por causa de muitos relacionamentos fracassados que as pessoas acabam decidindo visitar o consultório de um terapeuta, muitas vezes, para se envolverem em uma rede de drama interminável. Pois tudo o que eles procuravam e acreditavam estar certo, de repente parece errado; e sua identidade, geralmente com trinta a quarenta, ou mesmo cinquenta anos, é questionada pela primeira vez. Agora, imagine esse drama sendo representado em escala planetária e você se depara com a condição atual da Terra.

Como podemos então entender outras formas de viva, em outros planetas, com sistemas diferentes, se não é possível entender nossa própria condição atual? Pois, do ponto de vista arqueológico, parece que estivemos evoluindo, ou pelo menos, é nisso que os arqueólogos também querem acreditar. Porque, quanto mais analisamos mais profundamente nossa evolução como espécie, mais percebemos que é tão complexa quanto agora nos identificarmos como seres humanos. Em outras palavras, nunca houve uma evolução linear, mas uma complexa busca por nos entendermos, que geralmente era interrompida por guerras e perseguições; e isso, embora nossos anos mais brilhantes pareçam ser atribuídos a seres, de acordo com relatos de todo o globo, que vieram de outros planetas para ajudar a humanidade a evoluir ou forçá-la a estágios mais elevados.

A Influência Externa na Terra

Sempre existiram certamente seres especiais na Terra, quer tenham sido profetas, deuses, extraterrestres ou simplesmente almas iluminadas, avatares, dependendo da abordagem escolhida para descrever suas ações e vida, que caminharam entre nós para compartilhar com a humanidade a verdade suprema, ou pelo menos como alcançá-la. Jesus certamente era um entre milhões deles. Mas muitas vezes foram assassinados ou desacreditados antes de terem tempo suficiente para compartilhar tudo o que tinham para nos oferecer, ou mesmo antes que pudéssemos entender a plenitude e a profundidade de seus ensinamentos.

O que nossos mensageiros puderam oferecer foi reduzido à capacidade das pessoas de seu tempo para entender. E se ainda estamos intrigados com isso, é porque dois mil anos, ou mais do que isso, como no caso de Shiva e outros, não fizeram muito pelo nosso desenvolvimento. Somente quando os ensinamentos de Cristo e Shiva se tornarem senso comum, podemos começar a evoluir como um coletivo, porque eles não nos trouxeram algo de natureza superior, mas apenas leis nas quais devemos basear nossa conduta para evoluir como espécie.

Certamente, negamos tudo isso, ao escolher a ciência como uma ferramenta melhor e mais adequada para igualar nossa arrogância e egoísmo como coletivo. A ciência é de fato uma resposta mais adequada a uma espécie que vive obcecada por seu próprio cérebro e pelas observações do mundo físico como limite para sua consciência; e, no entanto, qualquer cientista que investigue por tempo suficiente, acaba confuso com as perplexidades de como nossa realidade é formada e o quanto isso se assemelha às escrituras sagradas, se ele ou ela estiver familiarizado com estas.

A razão pela qual a ciência ainda ganha mais credibilidade do que a religião é simplesmente devido ao fato de que os seres humanos estão em um estágio muito baixo de desenvolvimento e precisam entender seu mundo através dos seus cinco sentidos mais elementares. Eles não serão capazes de entender a espiritualidade até que sejam capazes de transcender o mundo dos sentidos — a realidade física como percebida pelo intelecto.

DAN DESMARQUES

Os reinos espirituais exigem uma abordagem orgânica para que sejam totalmente compreendidos, em oposição ao mundo da matéria, que pode ser apreendido pelos nossos cinco sentidos e intelecto. E é natural que a evolução esteja alinhada de tal maneira. Você pode usar o mesmo princípio para ajudar uma criança com dificuldades de aprendizado, pois ela não será capaz de atingir um nível de complexidade e empatia em relação ao conhecimento que deve estudar, até que primeiro entenda sua necessidade em sua vida pessoal e o uso prático desse conhecimento na vida de outras pessoas.

Não obstante, também se sabe, devido a experiências com o ADN, que não evoluímos dos macacos, mas somos provavelmente um híbrido entre espécies, e possivelmente trazidos de outro planeta, o que valida a ideia de sermos criados em um paraíso e depois trazidos para a Terra, como escreveram os antigos sumérios. E também se sabe que o tempo é uma construção mental — o passado e o futuro realmente não existem, exceto em nossa mente.

Também sabemos que nada no mundo físico é real, e é no nosso cérebro que as coisas se tornam tangíveis e palpáveis. Além disso, os filósofos da nova era, apoiados por estudos sobre Mecânica Quântica, recentemente nos apresentaram a idéia de que somos criadores de nossa própria realidade, através dos nossos esquemas de pensamentos e sentimentos, e mesmo que muitos espíritas e mágicos tenham dito o mesmo antes, através de explicações mais enigmáticas, que não foram totalmente compreendidas pelas massas, ainda lutando por encontrar algo para comer todos os dias.

O Salto Quântico Necessário

É realmente muito difícil pensar em espiritualidade ou consciência, quando você precisa de um lugar para dormir e comida para se alimentar, ou quando tem medo de que seus vizinhos possam matá-lo a qualquer momento ou um exército possa invadir seu país. É difícil postular algo além do "agora", quando sua vida pode terminar a qualquer momento. E essa é a razão pela qual o terror manteve a humanidade enjaulada por milhares de anos, apesar da grande quantidade de informações já disponíveis.

Isso não significa que um salto quântico para uma realidade muito mais evoluída não seja possível a qualquer momento, mas que, para isso, teríamos que mudar todo o nosso sistema como um coletivo; e esse evento simplesmente não ocorrerá tão cedo, apesar das muitas tentativas dos mais esclarecidos em pedir às massas que olhem a verdade escondida em todas as áreas do desenvolvimento humano, como a ciência (com as obras de Nikola Tesla e outros, sobre o tema da energia livre), medicina (com as muitas descobertas de tratamentos para nos curar de doenças mortais, como no caso do Dr. Royal Rife), ou saúde mental (com as pesquisas e estudos de L. Ron Hubbard e sua equipe).

Que você não se confunda com os três exemplos propostos acima, pois os laboratórios de Nikola Tesla e Royal Rife foram totalmente queimados, depois que seus documentos foram roubados por instituições privadas do governo, enquanto que o trabalho de L. Ron Hubbard, no campo da mente e da saúde mental (que ele chamou de Dianética) tornou-se completamente desacreditado, graças ao culto maníaco criado por um narcisista, psicopata e especialista em falsificação de documentos, chamado David Miscavige — o qual, sozinho, criou uma organização tirânica de opressão e extorsão chamada Igreja de Scientology da Nova Era — e que revisou e alterou as obras originais de seu fundador, não tendo nada mais que ver com a organização original, como muitos ex-membros que a abandonaram durante ou antes dessa aquisição, podem testemunhar e provar com facilidade.

De fato, L. Ron Hubbard era um membro do culto de Jack Parsons, que, devido ao fato de que mais tarde trabalhou para a NASA, também foi fortemente influenciado por encontros extraterrestres secretos. E essa é a base para os entendimentos de Hubbard sobre a natureza da mente e como curá-la naturalmente; uma abordagem muito diferente do que a psiquiatria está fazendo hoje, ao atacar o espírito com uma vasta gama de métodos e técnicas.

Não é de admirar que L. Ron Hubbard tenha nomeado a Psiquiatria o inimigo número um da humanidade. A psiquiatria é, de fato, outra ferramenta dos governos para o controle das massas, e está organizada de maneira a promover a deterioração e a destruição do livre arbítrio num indivíduo, numa comunidade, num país ou mesmo num planeta inteiro. E, curiosamente, muitos psiquiatras admitiram exatamente isso, ao confessar que seus métodos de análise e práticas são completamente arbitrários e sem qualquer fundamento médico. E, no entanto, permanece a completa falta de interesse das massas sobre este assunto, não obstante as muitas evidências de declarações em frente a câmeras e em documentários bem produzidos.

Desde então, e até agora, muitos documentos divulgados publicamente pela CIA e pelo FBI, entre outras instituições governamentais de todo o mundo, testemunham que muitos visitantes de outras constelações continuam a vir à Terra em suas naves espaciais, para compartilhar tecnologia e conhecimento surpreendentes. E, apesar disso, tudo continuará sendo suprimido por grupos privados, para proteger seus próprios interesses em direção a objetivos específicos, devido à forma como a Terra está estruturada politicamente. A história de Valiant Thor é provavelmente uma das mais tristes e representativas da ganância da humanidade, pois seu conhecimento foi recusado para proteger os interesses corporativos.

Tudo o que ameaça o sistema, como é encontrado hoje, a saber, no que diz respeito a organizações e crenças religiosas, governos como os vemos, saúde e medicina, indústria farmacêutica e conceito de nação como a entendemos, ou a hierarquia como a conhecemos, ainda é completamente ignorado quando oferecido por esses visitantes e, embora todo o foco de nossas interações com eles permeie apenas a superfície, como é o caso de armas e tecnologia de combate. Ainda estamos presos a uma ideologia de medo, e continuaremos a estar, enquanto evoluímos com nossa tecnologia nessa direção — autodestruição. Isso,

CONSCIÊNCIA COLETIVA

até que este sistema de crenças seja interrompido por uma grande guerra que nos faz, novamente, questionar a nós mesmos e a nossos valores como um todo.

É uma pena, pois você não pode nem imaginar como seria se, de repente, pudéssemos avançar no tempo, por dez mil anos ou muito mais. É assim que ficamos coletivamente presos em sistemas primitivos e antiquados modos de vida, e apesar da grande quantidade de informações que já temos à nossa disposição. Seria difícil imaginar essa possibilidade em outro planeta? Pois não é apenas difícil imaginá-lo, mas necessário, já que isso é uma realidade.

A Chave Para Uma Consciência Mais Elevada

Muitas pessoas bem-intencionadas acreditam que um aumento nos níveis de empatia pode mudar tudo, e isso seria realmente a chave para uma consciência superior. É isso que os extraterrestres esperam de nós, mais do que qualquer outra coisa, pois justificaria uma interferência mais permanente de seus valores mais altos na Terra para elevar os nossos e melhorar nossos padrões de vida. Mas não sou tão otimista quanto a isso e, portanto, compartilho a mesma preocupação de nossos visitantes, que constantemente nos vigiam, caso decidamos começar uma grande guerra contra nós mesmos.

Veja bem, a empatia não fará muito pela humanidade, a menos que uma pessoa possa fazer mais do que orar, e isso consiste em agir, em qualquer direção, para melhorar a si mesmo, ajudar os outros ou melhorar o estado do planeta. Mas a maioria das pessoas está em um estado de consciência tão apático que só pode repetir "não é problema meu" ou "não posso fazer isso sozinho" ou até mesmo "não posso mudar nada". Todos esses pensamentos vêm da idéia de individualismo, ou egoísmo distorcido — a idéia de que não podemos formar um grupo baseado em ideologias superiores, ou que estas só podem ser criadas por alguns, esclarecidos ou com qualificações especiais. Em muitos casos, ficar parado e ignorar a realidade é visto como o objetivo final e considerado uma mediação para o bem comum. Poucas pessoas entendem que a meditação, por exemplo, consiste num nível muito baixo de treinamento mental, muito abaixo de outros, mesmo que necessária, quando alguém está completamente perdido em pensamentos irracionais e autodestrutivos ou pretende dar uma contribuição positiva ao subconsciente coletivo.

As leis irracionais do planeta não podem ser interrompidas, a menos que sejam quebradas. E para que isso aconteça, é preciso interferir naquilo que também se odeia. Interessante como não podemos escapar das leis do planeta, não é? E, no entanto, muitos diriam que isso é ser negativo, e que ser positivo consiste em ser uma criança grande, fingindo que o mal e os problemas não existem, que todos ficaremos bem se acreditarmos que tudo já é bom, e perfeito, sem a necessidade de qualquer interferência.

Essas pessoas são na verdade uma desgraça total para o que o bom jornalismo representa ou o objetivo da pesquisa científica, pois negam fatos e permitem que sua mente seja violada, apenas para evitar o confronto com a realidade. Afundam-se mais profundamente em seu subconsciente e, ao fazê-lo, em níveis mais baixos de consciência. E se meditam, estão apenas perdendo seu tempo e ficando loucas. Pois quando você medita para escapar da realidade, está usando a meditação para destruir os instintos e a rede emocional dentro de você que o tornam humano, e descende para os chakras mais baixos, enquanto bloqueia aqueles acima daquele em que você se encontra, com dor suprimida, ressentimento suprimido e raiva reprimida. Isso também é a fórmula para a depressão e uma apatia permanente.

É realmente interessante como essas pessoas acabam encontrando conforto em outros lunáticos como elas. Porque, veja bem, os gurus da nova era estão quase todos errados, quando afirmam que uma ascensão passa por todos os problemas e os faz desaparecer, como se ignorar um problema, fizesse este simplesmente desaparecer. Essa é uma crença humana, de fato, de que todos nos círculos espirituais amam. É o "Se eu não penso sobre isso, não é real". Mas esse princípio nega o seguinte, exigindo uma ação na direção oposta — ou seja, que você precisa trabalhar para mudar, para que as mudanças ocorram. E é por isso que tantos extraterrestres, obviamente frustrados, nos visitam há tantos milhares de anos — eles querem que trabalhemos para essas mudanças, e não apenas as admiremos, como costumamos fazer com nossas estrelas pop e fogos de artifício no céu.

Os seres humanos estão muito bem controlados por ideologias antigas que os tornam estúpidos, incapazes de aprender com aquilo que admiram. E assim, tendem a evoluir num nível horizontal, e não vertical. Os humanos sempre aceitam aquilo que os torna mais do que já são. E é por isso que os livros sobre inteligência e competição, ou guerra, vendem tão bem. É também por isso que os medicamentos vendem ainda mais. E, no entanto, é também por isso que os livros que levam à iluminação são geralmente ignorados e rejeitados pelas massas.

Sim, você leu corretamente. A maioria dos livros que promovem a iluminação não a oferecem verdadeiramente. Porque o tipo de espiritualidade que as pessoas buscam e promovem, é frequentemente permeado por uma perspectiva horizontal, focada na aceitação, resignação e estagnação. Dificilmente, quem lê

CONSCIÊNCIA COLETIVA

livros espirituais, quer ler sobre responsabilidade, ações e postulados. E essa é a base da verdadeira espiritualidade. Mas você a encontra mais comumente em livros sobre negócios e dinheiro. Isso não é irônico? Descobrimos mais sobre espiritualidade em tópicos relacionados ao mundo material e um controle nesse mundo, através de atos e atitudes independentes, como o empreendedorismo. E acredito, após uma longa experiência com os dois lados da sociedade, que esses indivíduos — fundadores de negócios, entendem muito melhor qualquer tópico espiritual e podem ter uma conversa religiosa mais profunda do que qualquer outra pessoa que não consegue entender como se enriquece.

Agora, isso coloca o conceito de "livros populares" e "best-seller" sob uma luz completamente nova, não é? Pois o que as massas consideram bom ou popular, nada mais é do que um reforço de seu próprio estado atual. Poucos são os que amarão aquilo que os muda para um estágio superior.

Sistemas Sociais Extraterrestres

Outros seres também têm um sistema social, um conjunto de valores, objetivos e emoções, que podem se manifestar mais predominantemente em um espectro do que noutros. Não existe um único padrão evolutivo, pois a evolução pode se reproduzir em várias direções. De fato, existe uma singularidade de manifestações, o que significa que todas elas mostram um certo conjunto de coincidências dentro de uma vasta gama de representações da vida, como o que vemos no reino animal, e que inclui manifestações empáticas em vários graus, uma sinergia de objetivos, uma consciência coletiva compartilhada ou comum, como a que temos na Terra, e ainda que a desconhecemos, e também um certo paradigma que os move coletivamente em direção à evolução.

Isso não significa, no entanto, que a evolução seja equilibrada em todos os níveis, ou que tal coisa exista como a percebemos. Mas significa que os seres planetários evoluem coletivamente dentro de uma certa quantidade de valores e dentro de certos padrões de comportamento. Por este motivo, não é coincidência que os seres humanos, como muitas outras raças, tenham evoluído de maneira diferente, quando se manifestam em diferentes planetas, onde têm ou não a liberdade de fazê-lo. Mas explicarei com mais clareza: quando essa liberdade existe, os humanos podem evoluir coletivamente em direção a certos interesses, dependendo de como escolherem se organizar; depende de quem lidera o coletivo e de como esse coletivo reage a tal liderança. Em outros casos, o coletivo está manifestando a liderança de seus governantes como uma singularidade. E, no entanto, ambas as situações se manifestam de alguma maneira, e até certo ponto, pois as pessoas toleram apenas aquilo que são capazes de tolerar; ou seja, os líderes sempre se manifestam dentro de um certo nível de consciência e são mantidos nesse mesmo nível, até que esta mude. Este é o mesmo princípio por trás do motivo pelo qual os franceses não podiam aceitar a monarquia, mas os chineses aceitam sistemas hierárquicos totalitários e muito piores, como no caso do comunismo.

Agora, por valores, quero explicar que, sempre que a tecnologia prevalecer sobre outras coisas, como a empatia, você poderá ver uma corrida coletiva se movendo ferozmente em direção ao controle militar e às aquisições planetárias. Esse é o caso predominante, embora não exclusivo, das muitas raças draconianas.

Os humanóides insetoides, por outro lado, manifestam uma consciência coletiva mais predominante como sua prioridade. E isso não significa que não tenham uma individualidade própria ou desenvolvimento tecnológico, mas que essas coisas tendem a seguir a prioridade dada à consciência coletiva. O que quero dizer com isso é que suas emoções são cumpridas pelo coletivo; ninguém nunca se sente sozinho e o amor é algo tão claro para eles, que os relacionamentos ocorrem espontaneamente, sem a necessidade de pensar nisso, como os humanos costumam fazer na Terra, muitas vezes filtrando seus próprios parceiros com o raciocínio.

Quando dois humanóides insetoides se apaixonam, isso ocorre primeiro em um nível vibracional e, depois, a comunicação é percebida telepaticamente e seguida em conformidade, sem a necessidade de pensar se é adequado ou não que esses dois seres estejam juntos. De fato, a única razão pela qual os humanos fazem isso é porque seu sistema e sobrevivência dependem da cooperação encontrada dentro da dualidade dum casal. E, no entanto, hoje encontramos o seu oposto: uma grande e global ruptura com os velhos padrões, com as pessoas alegremente fazendo sexo com estranhos que encontram em bares e discotecas, como se isso fosse a coisa mais natural a se fazer ou até se parecer com o pós-modernismo. Não é, e na verdade representa o oposto de um relacionamento baseado na sobrevivência, um revés na evolução espiritual — esses indivíduos estão apenas obtendo prazer sexual e não construindo verdadeiramente uma família ou sentindo amor. Eles estão, sobretudo, negando a si mesmos amor ao ato; e é por isso que, a longo prazo, esses comportamentos de promiscuidade têm consequências para a alma, degradando o ser em direção a níveis mais baixos de frequência, onde a falta de amor próprio também é manifestada e a neurose é desenvolvida.

Essa tendência também tem sérias conseqüências para a humanidade como um todo e representa uma divisão dentro da sociedade e não uma transição gradual, pois os filhos de tais pessoas geralmente não possuem as habilidades empáticas básicas de sobrevivência em um estado de consciência coletiva. Em outras palavras, a promiscuidade gera narcisistas. E é por isso que é e sempre foi

CONSCIÊNCIA COLETIVA

considerado um pecado, pois diminui o nível vibracional entre gerações, quebrando o espírito e abrindo a mente para a possessão demoníaca.

O Amor e a Sexualidade Extraterrestre

Ainda no que diz respeito ao tema da sexualidade, uma vez maçons com mais de sessenta anos de estudo nesta religião, me pediram para que explicasse se em planetas alienígenas existe a poliamoria, e ficaram desapontados quando lhes disse que não é comum, pois foram levados a acreditar, por muitos líderes espirituais ignorantes, exatamente o oposto.

Nos pouquíssimos casos em que um ser tem múltiplos amantes, esses geralmente representam papéis diferentes, e estão sempre em um estado inferior quando comparados ao elemento predominante, embora, para tais seres, não exista igualdade, ou o conceito de inferioridade, não como os humanos percebem os termos, mas uma diferenciação de papéis com base nas necessidades e tendências biológicas. O próprio fato de os seres humanos precisarem de igualdade é o que os prova incapazes de relacionamentos poliamorosos saudáveis.

Tais realidades alienígenas seriam obviamente muito chocantes de testemunhar quando contrastadas com os valores apresentados na Terra, mas é o equivalente a ter um homem dominante dentro de um coletivo de mulheres, cada uma tendo um papel diferente na família, como sendo uma responsável por sua sexualidade, outra pela comida na habitação e outra cuidando de tarefas que geralmente consideramos um hobby ou mero entretenimento. Além disso, nessas situações, o relacionamento entre todos se solidifica na felicidade e no compromisso, e não no sexo. De fato, quanto mais sexual é uma espécie, menor a probabilidade de encontrar poliamor. Pois os princípios que justificam o poliamor não podem ser entendidos por uma espécie profundamente enraizada em suas necessidades sexuais de validação a nível pessoal e social.

A lei que governa a sexualidade a nível cósmico segue de acordo com a geometria sagrada, pois a força que puxa um elemento em direção a outro nega a transição para a formação de um terceiro elemento. E esse terceiro elemento, para a espécie humana, vem na forma de prole. Sempre que um indivíduo não evolui espiritualmente o suficiente, ele ou ela simplesmente não irá amar as crianças, não quererá ter filhos e, na verdade, apresentará uma reação aversa ao tema. E teríamos que necessariamente amar os filhos dos outros antes que pudéssemos entender o poliamor. E, como coletivo, a raça humana ainda está muito longe desse estágio.

Portanto, aqueles que se consideram poliamorosos, na verdade são narcisistas e não amam ninguém, nem mesmo a si mesmos, e justificam desejos luxuriosos com poliamor, simplesmente porque essa é a única maneira que têm de garantir a presença de seus parceiros sexuais em sua vida e justificar seu comportamento, usando um termo que os faz parecer tudo menos psicóticos; isto é, eles mentem por razões práticas e egoístas.

A espiritualidade não é uma opção para essas almas, e são tipicamente ateístas ou seguidores de uma visão distorcida da religião, provavelmente lembrando a demonologia e o culto ao ego, pois adoram o que não podem ter - amor próprio. E é importante mencionar que o orgasmo sem amor próprio é um ritual muito perigoso.

O casamento pode ser visto como uma tendência universal, embora não contratual, como normalmente vemos na Terra. O casamento, em um nível espiritual mais elevado, trata da relação que um ser tem com outro, com total honestidade e confiança, como se esse outro indivíduo fosse uma extensão de si mesmo. E somente nesses casos, podemos verificar uma predominância de igualdade entre os sexos.

Importa também destacar que, devido à sua atitude de total abertura para com as emoções e o amor, os Insetoides Humanoides não experimentam doenças mentais como os humanos. Eles tendem a valorizar mais o amor e as conexões entre eles, e essas relações sempre se baseiam no Amor Divino, que sentem telepaticamente e organicamente, dentro de seus corpos, como reais.

Agora imagine o seguinte: como você se sentiria se amasse todos ao seu redor? Você sentiria como se sua identidade estivesse sendo negada de alguma forma? Provavelmente! Essa reação seria normal para um ser terrestre. Mas é também por isso que me refiro a raças diferentes, com diferentes conjuntos de valores e prioridades sociais.

A Evolução da Consciência Numa Sociedade

Diferentes estados evolutivos abrem a mente para diferentes percepções do mundo físico, e que os humanos simplesmente ainda não evoluíram o suficiente para compreender. A maioria das coisas, que são normais em muitos outros planetas, como a comunicação telepática, assusta terrivelmente muitas pessoas na Terra — as quais não conseguem viver com a ideia de que alguém pode simplesmente ler sua mente. E não preciso lhe dizer que perco todos os meus amigos e relacionamentos depois que eles me percebem fazendo isso.

Felizmente para mim, no entanto, como a maioria das pessoas não acredita e não quer acreditar nessa possibilidade, também não podem me considerar uma ameaça para elas; não, a menos que queiram mentir para mim. Pois nesse caso, acabam terrivelmente frustradas, e tentam me manipular e me insultar de várias maneiras. Isso porque a grande maioria dos humanos na Terra é egoísta e ciumenta demais para entender o amor e muito menos a vida. Em vez de mudarem com a minha presença, o que não conseguem, devido às implicações que não conseguem enfrentar (e curiosamente, tudo isso relacionado ao sistema que os controla, ou seja, valores educacionais, crenças culturais e paradigmas aos quais se expõem diariamente), tentam me levar ao nível deles, a fim de poder me amar desde o nível evolutivo em que se encontram; e isso não significa que, porque posso vê-lo, posso controlá-lo, pois sempre acabo me esgotando no processo — os humanos não mudam sozinhos, mas apenas e sempre como um coletivo. A mudança individual, mesmo que fortemente forçada pela emoção do amor, é sempre assustadora demais para qualquer um justificar o afastamento do antigo eu espiritual. A maioria das pessoas prefere sofrer em seu eu coletivo a se alegrar em seu eu individual. E isso resume os dramas da vida das pessoas na Terra.

Muitos humanos diriam que esses relacionamentos não são baseados no amor, mas eu teria que discordar dessa observação bastante ignorante e simplista da realidade. Essa não é uma análise precisa, quando percebida de um ângulo mais amplo, mais empático também, pois você não pode culpar um tigre por comer o humano que o alimenta, ou assumir realisticamente que pode encontrar um tigre que não come seres humanos.

Da mesma forma, e pelas mesmas razões, muitos relacionamentos formados por motivos práticos, como necessidades financeiras e validação social, podem durar, especialmente, se os dois indivíduos estiverem dentro de um quadro de referência semelhante. Isso, no entanto, nunca ocorrerá quando alguém estiver muito mais evoluído e possuir capacidades sobre-humanas, como a telepatia.

Percebi uma maior satisfação sexual, bem como desejo, nas raças felinas; e também um senso de independência mais fortemente manifestado neles. E, no entanto, seu nível de agressão e estilo de vida selvagem é incompatível com a maioria dos humanos terrestres, que não conseguem se imaginar vivendo em um planeta onde a natureza é uma prioridade; e assim, seu alto desejo sexual também é perfeitamente compatível com seu estilo de vida altamente enérgico.

Os felinos humanóides literalmente adotaram a selva como sua casa e amam seu planeta exatamente como é. Esses padrões, para a humanidade da Terra, obcecada por estruturas físicas, não pareceriam naturais. Os seres humanos se sentem mais confortáveis em estruturas de blocos de construção, compostos por ordem física, e em serem colocados em uma caixa, que eles chamam de lar. É por isso que os seres humanos amam suas cidades, e é por isso que há uma tendência para as cidades crescerem enquanto as aldeias se tornarem como aldeias fantasma isoladas.

A harmonia com a natureza não é algo que os humanos possam desfrutar ou apreciar, porque os faz se sentir fora de controle, fora de seu habitat. E assim, podemos dizer que os humanos não merecem a Terra, tanto quanto a Terra não é para eles. Os seres humanos foram deixados na Terra como uma raça de escravos, mas fizeram um trabalho horrível com o planeta. E assim, este planeta está sendo destruído por causa da mentalidade egoísta que os humanos têm; e esse comportamento é atualmente muito destrutivo.

A remoção dos humanos da Terra é um desejo divino, mas não relacionado à sua salvação, como muitos cristãos pensariam. Certamente, podemos acreditar nisso, se alguns forem removidos para um habitat melhor. É uma maneira de ver isso. Mas, não obstante, essa também é uma ação necessária para salvar o planeta e deixá-lo prosperar para outra raça que certamente o apreciará.

CONSCIÊNCIA COLETIVA

Os seres humanos precisam ser colocados em um paraíso, isto é, um planeta que melhor se adapte à sua natureza vibratória e onde eles não causarão destruição — um asilo melhor para suas almas, para se desenvolverem em harmonia, em vez de em conflito permanente com o mundo exterior, e entre si, por recursos e segurança. E por esses motivos, não faria sentido se todos tivessem a mesma chance e destino.

A Consciência Extraterrestre

A realização mais impressionante para mim, e de todas as minhas experiências com diferentes raças alienígenas, tem a ver com o conceito de consciência, pois a maioria dos seres percebe a realidade de um ângulo muito diferente, mais amplo, provavelmente relacionado com uma evolução natural que os guiou a esse estado de completo equilíbrio. Isso me impressionou profundamente, a relação profunda e quase completa que alguns seres têm com sua tecnologia, não como substituto de suas capacidades, como vemos acontecendo na Terra, mas antes como um complemento para eles e suas sociedades, seu estilo de vida, e isso, criando uma correlação perfeita entre seu uso telepático, emoções e o mundo material — que é operado por vibrações controladas remotamente com seus pensamentos e emoções.

Outra grande realização para mim está relacionada ao conceito de amor, e como este é percebido nos níveis mais elevados, e quão diferente é a maneira como os humanos o processam.

Muitas vezes estas visões ultrapassam o que sou capaz de entender quando consciente e, por isso, quando acordo depois, sinto-me um pouco confuso, ao tentar me ajustar à minha mente humana, ao que aprendi durante o sono ou em estado meditativo. Mas o amor foi certamente uma grande lição para mim, uma das mais valiosas que já experimentei, principalmente porque me senti como um deles, em uma das minhas vidas passadas.

Nunca senti tanto amor com meu corpo humano. Parecia mais orgânico e honesto também. Porque, você vê, amar com a mente e o coração numa completa abertura, é muito diferente de ter essa emoção filtrada por suas crenças e percepção da realidade; também é mais real e completo. E parece assustador para muitos humanos experimentar isso, devido às implicações mentais que tem — nos rendermos às nossas emoções e amar, e nos entregarmos a alguém completamente e para sempre.

A falta de confiança que os seres humanos têm em sua própria natureza os leva a fazer o contrário, quando amam gradualmente ou nunca inteiramente. É também por isso que muitos humanos nunca desfrutaram plenamente de sua sexualidade, não importando quantos parceiros tenham tido. Pois não sabem o que é gostar de sexo organicamente e mentalmente, e não apenas fisicamente ou enquanto focados em seus órgãos genitais.

Minhas visões de vidas passadas em outros planetas me mudaram tanto que, assim como qualquer outro viajante, que viaja pelo mundo obtendo todas as suas ideias de valor inestimável, gradualmente, mas inevitavelmente, comecei a usar minha perspectiva renovada da vida e evolução em minha própria existência, nos meus livros e em tudo que escrevo. É por isso que estes se sentem tão reais para tantas pessoas, incluindo aqueles que leram muitos outros sobre os mesmos tópicos; isto sucede porque meu trabalho é realmente mais real, com base no que experimentei em muitos outros planetas, vivendo em outros corpos e sentindo a vida de maneira diferente, como muitas raças extraterrestres diferentes.

Essas lembranças, quando voltaram para mim, responderam a tantas perguntas, que realmente comecei a usar esta perspectiva em meus escritos para explicar uma enorme variedade de tópicos e para torná-los mais claros, a saber, tópicos religiosos antigos, como alquimia ou espiritualidade. evolução através da oração, ou o sistema de chakras. Mas também não sei se é porque escrevo livros sobre espiritualidade que sou constantemente alimentado com tais visões e lembranças, pois muitas vezes recebo informações de outras fontes e não apenas da minha mente subconsciente.

Fui, no entanto, certamente escolhido para vir aqui e estar em comunicação com os seres extraterrestres de muitos outros planetas e galáxias. E pelo que entendi, é porque sou um soldado galáctico, não no sentido do que é percebido na Terra — razão pela qual os videntes que foram capazes de ver isso sobre mim não conseguiram entender suas próprias visões ou explicá-las corretamente — mas um conceito diferente de soldado.

Além disso, muitos adivinhos que encontrei não acreditam em extraterrestres, mesmo que afirmem acreditar. A maioria das pessoas acredita estupidamente que esse é um conceito muito distante do mundo delas, e portanto nem assimilam a possibilidade de ter um, na sua frente, em corpo humano.

A Assimilação Metafísica da Realidade

É realmente interessante ver como as pessoas negam o que afirmam acreditar e negligenciam todas as suas idéias sobre reencarnação e extraterrestres sempre que precisam enfrentar a verdade, apenas porque não conseguem lidar com isso. Em outras palavras, as pessoas querem acreditar que tudo está fora delas, e não dentro delas ou muito menos na frente delas.

O conceito de soldado interplanetário, no entanto, tem um significado específico que não é real para os terráqueos e, portanto, torna-se difícil para mim colocá-lo aqui em palavras. Esse ser não é militar no sentido horrível da palavra, nem é um jedi, como retratam os filmes de ficção. Ele é, como muitos viajantes de outras galáxias, um explorador — vulnerável às diferenças entre manifestações planetárias e, no entanto, o mais adequado para se adaptar a elas.

Certamente, a inteligência pode não se manifestar como é percebida na Terra; esse tipo de inteligência, como explicado anteriormente, vem do espírito — é a capacidade para interagir emocional e telepaticamente com o mundo ao seu redor, e facilmente, através da empatia, sentindo esse mundo. Novamente, é uma forma de adaptação espiritual e, obviamente, pode confundir muitos que possuem as mesmas habilidades, pois costumam se confundir com o mundo ao seu redor e, ao fazê-lo, se sentem inferiores quando comparados a esse mundo, incapazes de lidar com os níveis de agressão e as demandas psicológicas ao seu redor.

É por isso que uma conexão espiritual com reinos mais elevados é relevante aqui, pois essas almas estão constantemente recebendo ordens do alto, que no início assumem como vindas de Deus, e só depois entendem melhor, primeiro com sonhos, depois com visões e, finalmente, memórias de vidas passadas em outros planetas.

É somente nesta fase, quando o indivíduo aceita completamente sua identidade eterna como soldado intergaláctico, que ele é capaz de abrir o portão final de sua mente e receber informações sob comando. E esse é o meu caso agora, pois posso facilmente canalizar a resposta para todas as minhas perguntas sobre tais realidades. E, no entanto, elas têm um propósito, pois devo colocá-las em livros para compartilhá-las com a raça humana.

Minha consciência é relativa ao meu trabalho na Terra, portanto não posso ser arrogante com o meu trabalho, pois surge como um serviço, e não apenas para os seres humanos, mas para com toda a consciência cósmica. Pelo contrário, prefiro manter minha identidade humana em sigilo, para continuar desfrutando dos benefícios de viver uma vida humana.

Isso terminaria para sempre se estivesse cercado por um grupo de pessoas que sabe quem sou, e minha identidade pública fosse destruída para sempre, como sendo lunático, esquizofrênico, teorista da conspiração, ou mesmo avatar, índigo ou anjo.

Fui chamado de todas essas coisas, porque os humanos sempre precisam ver a realidade do seu ponto de vista pessoal e do nível evolutivo espiritual em que se encontram. E não acredito que alguma vez encontre pessoas me vendo além desses termos, e como realmente sou, pois teriam que ser mais evoluídas do que o estado vibratório terrestre do momento para poder ver tão bem.

É fácil para mim provar que não sou um lunático. Fiz isso inúmeras vezes com psicólogos, psiquiatras e muitas organizações religiosas. Também é fácil para mim provar que sou um avatar. Já o fiz várias vezes com maçons e rosacruzes. Mas fazer as massas acreditarem que não sou louco, mas um avatar, isso é outra história; porque, como mencionei anteriormente, a grande maioria das pessoas na Terra não está pronta para o que afirmam acreditar.

Em outras palavras, não conheci ninguém na Terra que afirme acreditar em extraterrestres ou reencarnação e queira me confrontar ou mesmo me testar. Elas têm medo da verdade. Portanto, são realmente loucas, por alegarem acreditar em coisas que não acreditam. A grande maioria dos maçons, rosacruzes e cientologistas são hipócritas, mentirosos, inconscientes de seu nível muito baixo de evolução espiritual, e arrogantes demais para o pouco que sabem e podem aceitar. E, no entanto, não encontrei grupos que possuam mais conhecimento do que esses três, conhecimento que pode ajudar a humanidade a evoluir para o que chamo de estágio básico do despertar.

CONSCIÊNCIA COLETIVA

O que muitos chamam de iluminação é realmente apenas a escola primária numa escala evolutiva e cósmica. Os seres humanos estão apenas aprendendo a ler, quando estudam a consciência. Mas a grande maioria nem mesmo está dentro dessa escola, pois se divertem com a tolice como crianças pequenas no jardim de infância.

Como os Humanos se Limitam

Aprendo tanto com minhas visões, lembranças e sonhos, que agora estou entendendo melhor o estado do planeta Terra. De fato, levando em consideração que, durante muitos anos, senti que não conseguia entender os seres humanos e até contemplava a possibilidade de ser retardado, nada do que sei agora me surpreende no que diz respeito ao meu passado. Pois apenas um ser muito consciente consideraria seu próprio retardo quando comparado a uma espécie inteira, e aprenderia a evoluir no sentido de combinar seus padrões de comunicação e sistema de valores com o mundo ao seu redor. Eu nunca vi um humano fazendo isso, mesmo no que diz respeito à sua própria ignorância ou arrogância.

Ainda com relação a este tópico, devo dizer, se ajuda você em sua própria vida, que a melhor lição que aprendi durante minha jornada na Terra, é que os humanos são realmente bloqueados por si mesmos — sua própria crença ilusória na realidade — e possivelmente devido às muitas vidas passadas presos no mesmo planeta.

É realmente interessante como tantas teorias que promovem o uso exclusivo do cérebro sobre outras partes do corpo foram e continuam sendo promovidas em todo o planeta, porque é exatamente aí que a armadilha se estabelece, ou seja, em métodos que tornam os humanos mais racionais, mais visuais, mais exclusivos em seus pensamentos e sentidos físicos, e menos intuitivos, menos conscientes de sua natureza espiritual.

Hoje, os seres humanos processam absolutamente tudo dentro de seu cérebro, incluindo o amor. E assim, o cérebro acaba agindo como uma armadilha para a identidade, justificando as emoções capturadas pelo coração e os pensamentos encontrados na mente. Exceto que os terráqueos não sabem que seus pensamentos são frequentemente partilhados, como também suas emoções, o que torna tudo paradoxalmente dramático e engraçado de testemunhar, pois é como se as pessoas estivessem brincando com a vida sem perceber, e isto enquanto pensam que têm uma identidade própria. Muitos até me olham perplexos quando pergunto: você pensa seus pensamentos ou seus pensamentos pensam em você?

As pessoas, normalmente, nem sabem a diferença. Muitos nem acreditam que podem controlar seus próprios pensamentos, muito menos criá-los. Em outras palavras, desconhecem completamente o fato de que estão constantemente absorvendo os pensamentos dos outros e processando os seus por padrão, sem saber a diferença entre os dois, sem saber como a estupidez deles afeta a estupidez dos outros. Basicamente, a consciência humana, hoje em dia, é apenas uma lata de lixo muito grande. E é por isso que os humanos sofrem com tantas doenças mentais.

Certamente, tal cenário se torna pior, quando nem conseguem dizer como os fantasmas interferem em seus pensamentos e emoções, mas esse é outro novo nível a debater, não relevante para o que este livro pretende mostrar a você. Em outras palavras, e para retomar o que foi dito acima, o cérebro cria desculpas para o que as pessoas sentem e veem, mas não conseguem entender, e o fazem automaticamente. As pessoas estão constantemente projetando justificativas, para negar a si mesmas seu estado de loucura, e é por isso que amam a histeria em massa, na forma de "tendências em crenças". Eles dizem coisas como "você me deixou louco", ou "eu não posso lidar com pessoas assim", ou "eles me fizeram fazer isso", ou "homens e mulheres são assim", embora completamente inconscientes, durante todo o tempo, que estão inventando desculpas para o que acabariam fazendo de qualquer maneira; pois não podem ter controle sobre si mesmos, tanto quanto não têm controle sobre seus pensamentos.

É isso que também torna todos tão previsíveis. Pois, é como quando as pessoas visitam uma vidente e acreditam no que ela diz, ou o contrário, quando dizem: "Eu não acredito em nada disso". De um jeito ou de outro, estão operando por padrão, totalmente cegos à falta de causalidade sobre o destino.

No primeiro caso, estão assumindo que seu destino está construído, e realmente está, especialmente se a autodisciplina e a consciência são negadas; e no segundo caso, estão negando tudo isso, mais a idéia de que o destino existe, que é o mesmo que estar completamente no escuro, sem saber que pode se magoar nas coisas ao seu redor. O primeiro grupo sabe que é cego e não faz nada a respeito disso, enquanto o segundo grupo não faz nada enquanto nega que é cego.

Como Ultrapassar o Subconsciente Coletivo

A mente subconsciente da maioria é apenas o primeiro passo de todo este mecanismo, porque, na verdade, se as pessoas continuarem operando dentro de seu cérebro, elas sempre, verdadeiramente sempre, ficarão presas no mundo exterior, um mundo que, no entanto, continuam impondo a si mesmas. Mas como os humanos poderiam agir de outro modo, se nunca foram treinados ou ensinados a agir de maneira diferente e nunca viram alguém fazendo as coisas de maneira diferente?

Simplesmente não há conhecimento suficiente na Terra para mostrar à humanidade que os humanos não são criaturas mentais, mas seres emocionais e vibracionais. E até que isso aconteça, até que tal seja mostrado às massas, não começarão a processar sua realidade com seus sentidos superiores e a evoluir em direção ao que podem perceber com estes.

De fato, como algumas pessoas, a quem mostrei como fazer isso, me disseram, é extremamente assustador fazer esse salto evolutivo do ponto de vista onde a humanidade se encontra agora. E por que é tão assustador? Porque, de repente, você percebe que algumas pessoas que considerava seus melhores amigos são psicóticos ou possuídos por demônios. Você também pode perceber que viveu toda a sua vida sob crenças completamente erradas, o que o força agora a mudar em direção a um novo caminho, se realmente quer ser seu verdadeiro eu — e isso é assustador, porque representa o desconhecido e, no entanto, um desconhecido onde você se sente completamente sozinho, o que apenas piora as coisas. É como ser colocado no paraíso sozinho, com mais ninguém com quem o compartilhar.

Você provavelmente gostaria de voltar ao inferno apenas para ter alguma companhia. E bem, é isso que a Terra é — o inferno das almas mais elevadas, e também o céu das mais inferiores.

Como costumo dizer às pessoas que não conseguem me entender, e insistem em dizer que sou louco e a realidade delas é perfeita, "O fato de que alguém, que não gosta de ler, pensa que um autor de mais de quatrocentos livros, membro de muitas organizações religiosas e empresário, ex-professor universitário e consultor de negócios, é louco, diz mais sobre quem o reivindica e acredita, do que sobre a pessoa que está sendo rotulada"; "E deve haver algo terrivelmente errado com o funcionamento do seu cérebro, bem como com a sua saúde mental, se você não sentir raiva quando for ofendido por seus amigos ou ficar indignado quando for enganado pela sociedade, se quiser acreditar que seu governo vive interessado no seu próprio bem, e se acredita que os seres humanos são criaturas normais, e não completamente insanos e muito ignorantes."

Despertar para um mundo onde a maioria das pessoas está completamente louca, é como despertar para um mundo cheio de zumbis e perceber que você está totalmente sozinho, lutando por sua própria sobrevivência. É muito assustador e exige muita coragem. Não é para um indivíduo comum. Portanto, a maioria das pessoas nega a possibilidade de evoluir espiritualmente.

Certamente, muitos lhe dirão que isso não é verdade, porque meditam e vão para aulas de ioga e seguem um guru. E a esses, devo dizer que uma massagem na cabeça não é o mesmo que um orgasmo sexual e não deve ser comparado desse modo. Você não está evoluindo até realmente perder o controle de quem era e se tornar alguém novo — uma versão cada vez mais expansiva de si mesmo, com mais percepções, mais consciência e uma resposta mais eficaz sobre os mecanismos da vida, com a mesma capacidade de sentir raiva tanto quanto sentir amor em um estado mais profundo e orgânico.

O extremo do que acabei de dizer é visto na reencarnação, com a morte de uma personalidade e o descarte de seu corpo, para despertar em um novo, em uma nova cultura, com um novo conjunto completo de regras e valores.

Em um estado ainda mais extremo, encontramos a reencarnação em novos planetas, certamente não adequada para as muitas almas frágeis da Terra, que nem conseguem lidar com sua própria vida, suas próprias verdades, e emoções muito menos profundas do que as experimentadas por muitos extraterrestres como norma.

O Portal para a Liberdade

A saída do asilo encontrado na Terra é, de fato, como muitos filósofos e professores do passado disseram, encontrada dentro de nós.

Eu nunca antes entendi esta saída, não completamente, até que meus sonhos de vidas passadas em outros corpos alienígenas me mostrassem isso através da experiência direta. Tais experiências me permitiram sentir e ver como os outros seres vivem sua vida e a percebem. E assim, verifiquei que a resposta é realmente mais simples do que jamais imaginei, porque não implica procedimentos complicados de meditação ou algo semelhante a isso. Nós necessitamos de um certo treinamento, que não é "normal" para a Terra neste momento, e que consiste em viver mais pelo espírito e pelo coração e menos pela cabeça.

Naturalmente, este é um tópico complexo, quando não conseguimos entender nossas emoções ou visões e muito menos controlá-las. Mas é o que mais percebi nos outros seres — eles vivem do coração e nem conseguem conceber a vida de maneira diferente. E embora pareça uma versão alegre e hippie da realidade, o interessante é que, uma vez que a moral e a honestidade, a compaixão e a empatia, são adicionadas a essa mistura, tudo o mais flui melhor no paradigma comum de toda a civilização, e você se sentirá num êxtase de alegria o tempo todo. E assim, mesmo que em cada planeta os seres se organizem de maneira diferente e dentro de diferentes conjuntos de valores sociais, todos são felizes; ou pelo menos não se sentem "forçados" a uma vida que não é natural para eles, tal como os humanos experimentam a deles.

Nesse sentido, é interessante ver as reações das pessoas que encontro, quando digo que não preciso trabalhar, mas trabalho por prazer. É como dizer que venho de outro planeta. Pois reagem da mesma maneira, com descrença, desconfiança e, em muitos casos, até medo.

A reação mais comum é pensar que minto ou faço algo ilegal sobre o qual não posso falar. Mesmo quando explico como meus negócios funcionam e que meus livros vendem sozinhos, enquanto durmo, ainda assim não conseguem entender isso.

DAN DESMARQUES

De alguma forma, os seres humanos esqueceram como a vida funciona. E é por isso que, apesar de obcecados com o tema do dinheiro, nem conseguem perceber como este está sendo criado há séculos, desde que foi inventado. Acho que a maioria das pessoas nem acredita mais que o dinheiro é uma invenção própria. E é assim que a humanidade se matem estúpida, esquecendo constantemente o que cria para si mesma. Os seres humanos são literalmente vítimas de sua própria imbecilidade há milhões de anos.

A Ilusão Criada Pelo Dinheiro

Não existe o conceito de "necessidade de trabalhar" ou "dinheiro" em outros sistemas planetários, embora o valor seja apresentado em contribuições à energia que é absorvida e compartilhada pela comunidade como um todo, ou seja, os papéis são perfeitamente adequados e aceites porque se sentem como significativos. E, embora em alguns casos não tenha verificado uma diferença clara entre homens e mulheres, na maioria das vezes, vi esta diferença de modo muito acentuado. E o mesmo se aplica às hierarquias, que tendem a ser inexistentes, devido ao fato de que a maioria das raças extraterrestres acredita no conceito de bem comum e liberdade, isto é, a necessidade de explorar sua própria vontade e desejos criativos, sua própria vida como um coletivo, em vez de sacrificar seu tempo a uma idéia.

A maioria dos extraterrestres evoluiu muito além disso — que na verdade, é apenas outra conceituação humana para a escravização de si mesmos — e têm suas sociedades automatizadas, e trabalhando para eles, para apoiar seu estilo de vida, que na realidade não é tão luxuoso quanto nós, humanos, em nossa ganância, tende a desejar.

Ter uma família e explorar o conhecimento como um coletivo na galáxia é uma prioridade para a maioria das raças humanas. E se você deseja comparar isso a uma situação semelhante no planeta Terra de agora, imagine-se tendo férias em tempo integral com sua família e lendo por diversão o tempo todo sobre uma vasta variedade de tópicos. Se não consegue imaginar isso ou não o deseja, simplesmente não está evoluindo o suficiente para deixar este planeta. É tão simples quanto isso.

Parece-me normal poder trabalhar quando quero, sentir prazer no meu trabalho, viver onde quero e viajar por todo o planeta quando quero, e não entendo por que isso é tão estranho para outros seres humanos, por que parece tão antinatural e irreal para eles.

No estágio atual das coisas na Terra, com esta batalha por quem é melhor, homens ou mulheres, eu ou você, eles ou nós, estas ideologias podem até se mostrar confusas ou ofensivas para muitos. E, no entanto, na maioria dos planetas, os gêneros são diferenciados não por regras, mas por significados sociais e orgânicos. Cada gênero se sente perfeitamente bem ajustado ao cumprir seu papel biológico e vê como ridículo o ato de se forçar contra seus próprios instintos e natureza. Mas, novamente, toda a estrutura está tão bem organizada que parece natural, mesmo olhando para todo o sistema do planeta. E isso é outra coisa que aprendi sobre a Terra: a maioria das pessoas vive condicionada por um sistema caótico de valores, ainda tentando se ajustar a partir dos séculos passados; e assim, terminamos em debates intermináveis sobre o que deve ou não ser feito, permitido, legalizado ou tornado ilegal, em vez de observarmos quem realmente somos. Porque, bem, não sabemos quem realmente somos como seres humanos.

Por que Não Encontramos o Significado da Vida?

Os seres humanos não sabem o que fazer com sua existência, porque, basicamente, não sabem quem são como organismo, ou o que promove sua sobrevivência como consciência coletiva. Mas essa é a batalha entre "cérebro" e "natureza" que os humanos insistem em ter, e que atrasa seu progresso espiritual natural. Isso também é o que os deixa loucos como um coletivo.

Percebi isso comparando as informações obtidas com as pessoas ao meu redor e o que elas dizem, quando se comportam como se eu estivesse errado por aproveitar a vida ou não trabalhando quando me apetece ler um livro. Elas realmente não entendem o significado da vida e me julgam com base em um sistema sobre o qual nada sabem. Mas é isso que me leva a crer que a larga maioria das almas na Terra está aqui há tantos milhares de anos, que nem mais conseguem perceber além destas construções mentais. A maior parte do que vejo, faço e digo, assusta-as a um estado de terror.

De fato, não demorou muito para perceber, observando certos paradigmas e valores, onde se encontra a maioria das pessoas. E aqui está a parte engraçada do que percebo ao observar e comparar o estágio da Terra com os vizinhos do cosmos: a maioria dos humanos nem está aqui; estão presos nos anos 50 e 60, ou mesmo antes disso. A maioria das pessoas na casa dos 30 anos ainda está presa em paradigmas de suas vidas passadas.

Dito isto, antes de reconhecermos que os seres humanos precisam evoluir como espécie para estágios mais elevados da consciência, a fim de abraçar uma existência mais gratificante, precisamos reconhecer a catástrofe mental global de bilhões e bilhões de almas, presas em traumas de existências de vidas passadas, a maioria das quais realmente muito dolorosa para se lembrar. Isso, quando não estão presos em uma mentalidade infantil. Pois também existe o caso de uma grande quantidade de pessoas, que não evoluíram verdadeiramente após a infância, como podem mostrar quaisquer testes em psicologia moderna.

Fomos cruéis demais, uns com os outros, muitas vezes em nome do bem, e essas atrocidades permanecem entre nós, comandando nossos instintos diante de nossas emoções e decisões, controlando nossa mente e dominando-a. Os seres humanos são realmente todos loucos, e é incrível como o mundo se organiza e funciona apesar disso. De alguma forma, este grande asilo para doentes mentais e espirituais foi transformado numa colônia para almas limitadas por sua própria condição, e parece normal para elas, que não conseguem se ver no que acabei de descrever.

Como os humanos se tornaram loucos, é um tópico para outro livro. Mas posso lhe dizer com antecedência que a loucura é promovida devido a uma violação das leis espirituais e atos criminosos contra si e contra os outros. E, portanto, não podemos negar que os seres humanos são doentes mentais, tanto quanto estão pagando o preço por atos criminosos do passado.

Em outras palavras, se você puder reunir as pessoas atualmente mantidas em prisões e hospitais psiquiátricos, e as colocar em Marte, começará a ver esse planeta da mesma maneira que os extraterrestres veem a Terra e depois os entenderá melhor.

Como em outros reinos, este planeta também possui leis que podem ser vistas em nossas interações; mas lembremo-nos do que foi dito anteriormente, pois a maioria das pessoas não sabe por que se sente e pensa da maneira como pensa, e tenta justificar esses mecanismos para negar a consciência; e, portanto, quanto menos espirituais são, mais fazem essas coisas, mais auto-absorvidos estão, razão pela qual os ateus, assim como os agnósticos, tendem a ser extremamente neuróticos e psicóticos pelas mesmas razões.

Não há melhor maneira de terminar este capítulo do que explicá-lo com um exemplo prático que me ocorreu, quando tentei mostrar a uma amiga como ela cria seus próprios dramas, repetindo relacionamento após relacionamento, com homens que só querem transar com ela e nada mais, e apesar de fazer o mesmo há anos, com dezenas de homens. Eu disse a ela:

— "Você está projetando suas expectativas nos outros, porque é incapaz de aceitar suas expectativas ilusórias em si mesma e, ao fazê-lo, processar sua

CONSCIÊNCIA COLETIVA

verdadeira autoestima, em vez da ideia de que é superior aos outros, porque pais e amigos mais próximos fizeram você acreditar nisso."

Ela se sentiu ofendida e, na tentativa de me insultar, respondeu de volta:

— "Não, não estou projetando; é você quem projeta suas expectativas nos outros e fica confuso."

Eu só conseguia rir da situação. Pois realmente não há como você convencer um tolo de sua tolice. E isto resume o estado insano da humanidade.

Esta história também pode ajudá-lo a entender por que a maioria das raças extraterrestres acredita que se mostrar aos humanos e explicar seu conhecimento à humanidade é um completo desperdício de tempo e esforços. A possibilidade de isso resultar em algo positivo é escassa. E ao longo desta explicação, você também pode entender por que apenas alguns humanos merecem ser resgatados da completa aniquilação.

As Três Frequências Dominantes da Terra

Lutei durante toda a minha vida, com minha família terrena, meus colegas de classe, colegas de trabalho e agora, no tempo presente, e com quase quarenta anos de idade, basicamente com todos que encontro ao redor do mundo, tentando entender por que sou tão odiado, tão atacado, com qualquer tipo de desculpas e onde quer que vá, sem motivo aparente, exceto invenções mentais de quem não pode lidar com a minha presença.

Em países onde o nível de energia predominante é muito baixo, como Portugal, China, Filipinas, Indonésia, Turquia, Lituânia e Espanha, mas também algumas partes dos Estados Unidos, como a Flórida, me senti ofendido e rebaixado o tempo todo, por completos estranhos. Eles são, no entanto, maioria e, portanto, é muito difícil explicar, para o mortal comum, como isso é possível. E, apesar desses eventos, notei que aqueles que os experimentaram comigo também não podiam acreditar em seus próprios olhos. Sim, eles veem e não conseguem acreditar. Eles entram em negação.

Na cabeça deles, começam a inventar desculpas para o que ocorreu e que não pode ser explicado por nenhum motivo lógico. De fato, muitos desses conhecidos começaram a me evitar, porque as experiências que tenho, mesmo que seja a vítima, os assustam.

Agora, a pergunta é: por que eu, como vítima, assusto os outros? Por que as pessoas não têm medo do que isso mostra no que diz respeito ao estado atual da humanidade na Terra? Bem, porque, de fato, isso prova, sem dúvida, que os seres humanos são extremamente doentes da cabeça, e para aceitar isso, teríamos primeiro que reconhecer nossa própria insanidade e responsabilidade em sair dela sozinhos, e também esperar enfrentar todo um exército de doidos que o cercam em sua vida cotidiana; e a maioria das pessoas tem medo de fazer isso, porque busca exatamente o oposto — a aceitação. E quão maravilhoso deve ser quando você percebe que está lutando a vida toda para ser aceite num asilo?

Em um momento, depois de estudar inúmeros livros sobre comunicação, empatia, compaixão e compreensão mútua, e até mesmo racismo, cheguei à conclusão de que nunca resolveria esse problema por causa de um fato muito simples, mas óbvio: a Terra está predominantemente contida, contaminada e controlada por três forças ou frequências de energia: pobreza, medo e ignorância. Todas estas forças podem ser medidas e testadas em um nível vibratório.

Estas três energias controlam a mente e as ações de todos os seres humanos. E estes não podem escapar delas, porque seu próprio sistema social, na forma como está organizado, se alimenta desse estado mental comum. Em outras palavras, seu sistema social bloqueia a possibilidade de qualquer evolução.

Ao mesmo tempo, os humanos não podem ver que, a salvação que buscam, vem na forma de pessoas como eu, a quem odeiam profundamente. Pois minha luz revela todas as suas trevas e seus medos mais evitados. E geralmente dizem que sou muito negativo, sem perceber que desperto toda a negatividade dentro deles, fazendo-os confrontá-la.

Estas três frequências parecem simples de entender, razão pela qual os ricos são tão admirados. Eles aparentam tê-las transposto dentro do mundo físico. E é assim, até certo ponto. Pois, você vê, nem os que os admiram e desejam enriquecer, nem os próprios ricos, sabem que as leis da reencarnação os levarão à pobreza novamente, através das leis cíclicas do karma e da fortuna. Tudo o que sobe deve descer, e tudo o que desce deve subir.

Em certo sentido, assim como os ricos são os que mais dão à caridade, as instituições de caridade sempre serão necessárias enquanto houver pobreza. E os pobres, mesmo que outrora ricos, em uma vida anterior, podem se encontrar precisando da riqueza e do apoio dos ricos em outra vida.

A única maneira de se libertar deste sistema de coisas, desta montanha-russa de excesso e nada, abundância emocional e seu oposto — sofrimento, consiste em nivelar o planeta sob uma lei de igualdade. E, novamente, chegamos ao conceito de consciência coletiva, pois você não pode considerá-la até considerar a empatia e a compreensão para todos os seres da Terra e os ciclos de reencarnação aos quais eles se expõem em todas as vidas. Obviamente, isso eliminaria a arrogância e a vitimização dentro de você. Isso faria de você uma pessoa mais sábia e empática. E é por isso que os dois estados de espírito são tão importantes.

CONSCIÊNCIA COLETIVA

Por outro lado, muitas pessoas acreditam erroneamente, devido à sua baixa frequência e à baixa frequência da maioria, controlada pelos três elementos mencionados acima, que se mais for retirado dos ricos, se o comunismo prevalecer em todo o planeta, de alguma forma, sua vida se tornará melhor; e essa idéia está completamente errada, e seria até catastrófica, apesar do fato de o mundo estar a ficar cada vez mais pobre e poder um dia terminar exatamente desse modo.

A solução é o oposto, como no abraçar do capitalismo como uma forma de autoconsciência e auto-sustento, e isso ocorre na forma de empreendedorismo. Esta é a única maneira de erradicar a pobreza da Terra. E é fácil tirar esta conclusão, uma vez que examinamos a causa real por trás destas três frequências, pois elas não são o que parecem, mas manifestações de certos paradigmas sendo alimentados pelo coletivo no planeta.

Como os Humanos são Controlados por Suas Vibrações?

O medo se manifesta dentro de uma mentalidade competitiva, a idéia de que para alguns terem, outros não podem ter, e é uma ideia de escassez, que se manifesta na promoção de valores hierárquicos, privados de compaixão e empatia.

O medo torna as pessoas egoístas, manipuladoras e presas dentro do cérebro, e com a necessidade constante de controlar os outros, de mentir, de enganar e de tirar vantagem dos outros, como se fossem apenas objetos. O medo suprime as pessoas, em direção ao terror, narcisismo e abuso emocional. O medo torna as pessoas apáticas e psicóticas. É a frequência mais baixa, e o oposto do amor, que é a mais alta.

A ignorância é geralmente mal-compreendida pelas pessoas da terra, porque tendem a confundi-la com arrogância. A maioria das pessoas atribui inteligência aos autores populares que lêem e às coisas que sabem e aos diplomas que possuem, ou ao quão significativo é o diploma universitário que possuem. Mas esse tipo de inteligência é enganosa e prende a mente em mais paradigmas — os paradigmas criados por outros e que escravizam a mente dentro dos mesmos valores que mantêm a sociedade formada.

Em outras palavras, esse tipo de inteligência não é inteligência, mas a regurgitação e repetição de valores entre gerações para manter a riqueza dentro de poucos e negar a evolução — uma verdadeira transformação espiritual da alma — a muitos.

Este tipo de educação torna as pessoas arrogantes e ainda mais estúpidas, porque acabam negando as mudanças com mais intensidade e se absorvendo mais dentro de seus ideais, que não podem ver e não querem ver, que foram impostos por outros. Não é por acaso que muitos professores universitários promovem o comunismo como o sistema ideal, pois esse é o sistema das massas, e consiste numa pobreza sendo mantida dentro das massas. E é também por isso que tantas pessoas com diploma universitário não conseguem encontrar emprego, mudar de vida ou criar um negócio. Elas são muito estúpidas de uma maneira muito única;

sua cabeça é tipicamente encontrada cheia de conhecimento inútil e ideologias sociais autodestrutivas.

A pobreza também tem sua própria frequência; é o oposto da riqueza. Mas poucos sabem o que realmente é a pobreza, mesmo que muitos livros tenham nos mostrado, de alguma maneira, a direção para fora desta mentalidade.

Muitas vezes, a pobreza é confundida com coisas visuais, assim como a riqueza. Comparam os pobres com os ricos, em bens materiais. E bem, muitas pessoas pensam que sou pobre, exatamente por esse motivo. Ignoram que costumo sempre tornar as outras pessoas muito mais ricas do que eu. E a razão pela qual isso sucede, é que, com exatamente os mesmos valores, você pode ter o que quiser e na quantidade que quiser, e é exatamente o que ser rico significa.

Agora, não cabe na mente de muitos pensar que não quero mais dinheiro. E não posso dizer que também não quero isso. Mas minha prioridade na vida não é o dinheiro, mas meus livros. Tenho negócios e atraio renda de diferentes fontes, e conheço muitas técnicas para atrair riqueza; mas também luto com minha energia humana limitante e com a enorme quantidade de energia que devo canalizar para o meu trabalho.

De manhã à noite, de segunda a domingo, tudo o que faço é escrever, escrever e escrever. Na verdade, não tenho muito tempo para socializar, cozinhar e até aplicar o que escrevo. Eu apenas escrevo, escrevo e escrevo, desde o momento em que acordo até dormir.

Meus dias consistem, literalmente, em deixar meu apartamento de manhã cedo, para tomar meu café da manhã numa cafeteria, e trabalhar o dia inteiro até o local em que estou encerrar portas. Por vezes, continuo meu trabalho em casa, mas, na maioria das vezes, fico tão exausto que, assim que chego em casa, adormeço. E é assim que minha vida tem sido desde que comecei a escrever livros.

Obviamente, já fiz muitas outras coisas antes, mas também tive que interrompê-las rapidamente devido à falta de tempo. Não consigo escrever tantos livros, sobre tantos temas, e ainda fazer muitas outras coisas. É impossível. E o mundo real, bem, este mundo real, de criaturas humanas nojentas, egoístas e muito ignorantes, não me dá muitas mais opções para fazer mais com meu

CONSCIÊNCIA COLETIVA

tempo. E realmente odeio desperdiçá-lo com pessoas sem empatia ou relacionamentos que circulam em torno de seus próprios dramas, simplesmente porque as pessoas vivem obcecadas por seus próprios teatros e só veem nessas dramatizações uma maneira de se realizarem e se sentirem vivas.

Por que as Pessoas Criam Dramas?

Quase toda a raça humana é completamente insana, e é por isso que, como os esquizofrênicos de um hospital psiquiátrico, continuam dramatizando suas próprias histórias, usando os outros como peões e objetos para atender às suas necessidades. Pensam que precisam de outras pessoas, mas isso é uma mentira completa. Eles se usam para satisfazer necessidades egoístas e irracionais, projetadas por sua própria alma decadente e insana. E para mim, a pressão mental de tal insanidade é tão grande que não consigo lidar com a maioria das coisas que as pessoas afirmam ser normais. Porque nunca irei sentir que são normais para mim. Muitas vezes, esses estados emocionais que as pessoas chamam de normais prejudicam minha capacidade de escrever e pensar de maneira eficaz. E é porque sinto as coisas tão organicamente que a raiva pode literalmente me fazer entrar em um colapso de sofrimento emocional por vários dias, e até semanas.

Quase todos os seres humanos do planeta nunca vivem verdadeiramente. Do nascimento à morte, os seres humanos insistem em drama após drama após drama. Eles não têm idéia do que é a vida. E posso ver isso na cara de muitos.

De fato, quanto mais arrogante um ser humano, mais psicótico será. Porque é isso que é a arrogância; é a dramatização de um estado muito profundo de psicose, como um sono profundo, um sonho ou, mais simplesmente, uma forma de morte.

A maioria dos humanos não está realmente vivendo, mas representando seus próprios dramas mentais. E são tão obcecados com seus dramas que vão atacar você se tentar acordá-los.

Eles geralmente se reúnem em torno de outras pessoas que desejam representar seus dramas, pessoas que têm dramas semelhantes ou que estão dispostas a desempenhar os papéis que procuram para seu próprio filme imaginário do que é a vida; e dizer que as pessoas estão apenas realizando seus sonhos é ser muito gentil com elas, pois são literalmente loucas.

A Terra é literalmente um asilo. Se você não vê isso ou não consegue ver, ainda é tão louco quanto qualquer outra pessoa.

Esta análise pode ser comparada com o paradoxo dos peixes debaixo d'água: como você pode saber que está debaixo d'água antes que alguém o pegue fora da água? E como você pode saber o que é a água, a menos que enfrente a possibilidade de morte?

É por isso que a morte é tão assustadora para os seres humanos: representa ser pego fora da água.

A Relação Entre Riqueza e Saúde Mental

Agora, o que a riqueza tem a ver com a saúde mental? Bem, eu também, pessoalmente, não sabia a resposta, até perceber que a única maneira de você ser um empreendedor de sucesso é fazendo coisas que os outros consideram loucas, irracionais, fora do sistema ou mesmo ilegais e impossíveis.

Não é interessante que, a única maneira de você se libertar do asilo chamado Terra, é agindo de maneira diferente dos loucos, enquanto eles mesmos o chamam de louco? É realmente interessante ver as coisas desta perspectiva, mas não há melhor metáfora para o que quero que você veja.

À medida que aprimora sua capacidade de raciocinar melhor, pensar de forma independente e mais racional, à medida que adquire mais conhecimento sobre como o mundo funciona — seus pontos fortes e fracos, inevitavelmente aprenderá como tirar proveito do que possui em sabedoria, e o dinheiro será atraído para você na forma que você deseja para si mesmo. E, portanto, não é surpresa que todos os ricos compartilhem os mesmos valores, e todos eles tendam a ter poucos ou nenhum amigo. A maioria deles odeia e despreza a maioria, e vê a pobreza como uma doença, não uma condição financeira. E agora você pode ver porquê graças a este livro.

A pobreza é de fato uma doença mental, com sua própria frequência, como qualquer outra doença. E, como Jim Rohn disse, "Ficar sem dinheiro é ruim, mas ser estúpido é o que é realmente ruim. E o que é realmente muito ruim, é ser pobre e estúpido. Nada é muito pior que isso. A menos que você esteja doente. Doente, falido e estúpido, é o mais fundo que você pode ir, a menos que seja feio. Certamente isso seria o máximo; feio, doente, falido e estúpido."

De fato, estas são as piores condições; e os pobres tendem a atrair todas elas, e não apenas uma. Os pobres geralmente se sentem infelizes, sempre têm medo de perder dinheiro e o emprego, têm muitos amigos que os odeiam ou que eles odeiam, têm inveja e vivem, basicamente, em um inferno eterno de ultra decadência.

Agora, o que é o oposto disso? O oposto é, obviamente, o amor e a fé. E sempre que encontro alguém me perguntando como ser rico, é isso que ensino. Quem pode ver e aplicar, fica rico muito rápido. Quem não pode, continua pobre.

Já fiz muitas pessoas ficarem muito mais ricas do que eu, simplesmente perguntando o que gostam de fazer, ajudando-as a organizar isso em uma ideia de negócio aplicável e, em seguida, mostrando que com fé poderiam fazer a ideia funcionar. E todas elas, ou pelo menos as que tinham fé em si mesmas, conseguiram, depois de alguns meses, enriquecer e deixar o emprego.

Agora, no que diz respeito às pessoas que pensam que não sou rico o suficiente para dar conselhos sobre dinheiro, devo dizer o seguinte: Se eu não trabalhar, ainda posso pagar um aluguel, pagar pela comida e morar em qualquer país que desejar. Isso é o que eu sempre quis. Não tenho ciúmes dos ricos que não conseguem parar de trabalhar. Mas admiro quem trabalha para ganhar mais e pode parar quando quiser. E esse é o grupo ao qual quero pertencer.

Agora, como chegar lá é outra história. Pois, como escritor, tenho que trabalhar com as ferramentas que me foram dadas. Essa é minha primeira paixão e é o que mais faço. E, no entanto, não é interessante atrair todas as informações presentes nos meus livros? Ou que quase todos os meus livros se tornaram best-sellers em várias plataformas?

Alguém poderia questionar como é possível escrever tanto, sem ver como meus conselhos sobre dinheiro vêm da mesma forma. Novamente, é por isso que a pobreza e a riqueza têm uma frequência: Essa frequência é a criatividade.

O Maior Segredo para Conseguir Riqueza e Abundância

Se você pode atrair idéias que o beneficiam a si e a outras pessoas, você é rico. É por isso que famílias ricas, tipicamente, promovem a arte. Arte é riqueza. Estética é riqueza. E os ricos gostam de pintar, escrever livros, tocar música, dançar e realizar outras atividades relacionadas à expansão de sua mentalidade criativa, e de conectá-la à fonte divina de todas as informações, de tudo o que sempre foi e será.

Deus está no passado e no futuro, e assim, os ricos são amantes da arte, porque, como Platão afirmou, a arte nos conecta a Deus em todos os níveis: "Vendo a beleza com os olhos da mente, seremos capazes de produzir, não imagens de beleza, mas realidades, produzindo e nutrindo verdadeira virtude para nos tornarmos amigos de Deus e seres imortais"; "A música é uma lei moral. Dá alma ao universo, asas à mente, fuga à imaginação, charme e alegria à vida e a tudo"; "Os poetas proferem grandes e sábias coisas que eles mesmos não entendem."

Quanto mais você explora seus talentos dentro de si, tocando um instrumento, pintando ou se treinando em qualquer outra atividade artística que adora fazer, mais se conecta a essa fonte que chamamos de Deus, e, como resultado, mais idéias você atrai para a sua vida.

Essas idéias virão de acordo com a visão que tem em sua mente. E assim, você sempre terá mais abundância em correspondência com seus pensamentos.

No meu caso, essas idéias e pensamentos vêm na forma de conhecimento. Obtenho isso, e constantemente, nos meus sonhos, durante a minha escrita e, basicamente, o tempo todo ao longo do dia. Posso canalizar espíritos da Terra, extraterrestres e muito mais. Tenho habilidades telepáticas e muitas outras que me dão a capacidade de acessar o conhecimento de uma enorme variedade de maneiras, muitas das quais são muito assustadoras para a maioria das pessoas, pelo que nunca revelarei. Mas posso literalmente explorar o passado e o futuro, e também viajar no tempo com a minha mente. E é por isso que meus livros têm tanto poder que os leitores afirmam nunca ter encontrado em nenhum outro autor famoso, do presente ou do passado.

Na verdade, estou mudando o mundo, como sempre quis, por causa de todos os poderes mentais que possuo para fazê-lo, mas também porque nasci para isso. Estou na Terra para revelar esta informação ao resto da humanidade. E quanto mais faço isso, mais minhas memórias de outros planetas são reveladas para mim, mais minhas capacidades de acessar qualquer forma de informação aumentam e, ao mesmo tempo, mais sou odiado por um planeta inteiro, que vibra a uma frequência muito menor que a minha.

Isto, porque, de fato, a criatividade é a frequência mais alta possível para um corpo humano na Terra — esta, mescla a capacidade de postular, sonhar e imaginar ao mesmo tempo. E a maioria dos seres humanos é encontrada no oposto desse espectro — em um estado de auto-ilusão.

Todas as religiões da Terra deveriam adorar pensamentos criativos e seguir orientações nessa direção, a fim de realmente promover a espiritualidade e a ascensão, mas ironicamente, se fosse esse o caso, não teriam seguidores.

Dito isto, sofro pessoalmente com os contrastes da ignorância e da cegueira com a luz que trago ao mundo, concentrando-me na minha liberdade.

E quanto dinheiro você precisa para ser livre? Na verdade, não muito; e é por isso que sinto que minha riqueza está sendo bloqueada apenas por mim, pois, se continuar exercitando minha própria mente, para ir além destes conceitos, para que possa ganhar mais dinheiro, viajar mais e expandir minha liberdade também mais, assim o conseguirei. E, no entanto, pelas mesmas leis que governam a Terra, isso só acontecerá dentro de um equilíbrio perfeito, e no qual mais humanos estarão aceitando meu conhecimento, aplicando-o e transformando o próprio planeta em que caminho todos os dias.

Como Transcender a Consciência de Massa

Se você deseja que seja mais técnico sobre tudo o que escrevi até aqui, saiba o seguinte: a frequência do medo é uma das mais baixas, juntamente com a culpa e a vergonha. O oposto é a alegria, a felicidade e o amor — amor ao que você quer, aos seus sonhos, ao que gosta de fazer e o que deseja fazer.

Se deseja experimentar o amor, deve viver o amor, tomando decisões que estejam de acordo com seus desejos, mesmo que se arrependa mais tarde, ou que possam não funcionar como esperado.

Não faça férias uma vez por ano, mas viva onde você sente que está em férias o tempo todo. E transforme o que gosta de fazer em seu trabalho de período integral ou trabalhe para tornar isso possível.

Não perca seu tempo cercando-se de pessoas que você realmente não gosta, aprecia ou admira, apenas porque são membros de sua família ou amigos de longa data, mas aprenda a confrontar as pessoas com uma auto-estima mais alta e dizendo que mudanças exige delas, enquanto faz um ultimato que, se recusarem, implica que as deixará.

Fiz isso com minha própria família e não me arrependo, mesmo que me vejam com maus olhos. Disse a eles que, sem respeito e honestidade, nunca mais me veriam. Eles continuaram me insultando e mentindo, e então, literalmente, parei de falar com todos.

Fiz o mesmo com todos os meus relacionamentos. Não tolero ninguém que não possa respeitar meu trabalho e personalidade, que não me admira e mostra essa admiração. É e deve ser visto por todos como um pré-requisito mínimo para qualquer associação, mas, infelizmente, a maioria das pessoas ignora esses valores básicos, porque eles também não têm amor-próprio ou auto-estima.

É por isso que eles sofrem e sempre sofrerão quando se recusam a aprender sobre o amor em sua forma básica, em vez de o procurarem fora de si. O amor-próprio é a base de um estado de frequência mais alta.

Quanto à frequência da ignorância, esta pode ser facilmente alterada com mais compreensão e empatia, e isso vem na forma de um hábito consistente de leitura, em que se aprende e assimila o conteúdo de uma grande variedade de fontes. E também, pode ser transformada com o intercâmbio de valores culturais, como quando se viaja pelo mundo. Mas deve ser encontrada dentro do maior contraste ou contradição possível. Você não deve apenas aprender dentro de um campo de conhecimento, mas expandir seus limites além do que faz você se sentir confortável e aprender sobre um vasto conjunto de assuntos.

Ao melhorar essa frequência, você vai adorar o conhecimento, aprender mais rápido, ler mais rápido e melhorar sua consciência.

Esse hábito também eleva seu nível vibracional, dos chakras dos prazeres físicos e do fluxo incessante de pensamentos incontroláveis, sempre dentro de sua mente, ao mais alto, na forma de sabedoria, iluminação e mais imaginação, mais beleza e mais sonhos.

É a diferença entre um psicopata preso a pensamentos de autodestruição, dos outros e de si mesmo, e o oposto — na forma de idéias, imaginação e sonhos, sempre fluindo para a nossa mente.

Finalmente chegamos à frequência da riqueza, que é basicamente a criatividade. Você desenvolve isso com a arte, ou seja, aprendendo a tocar um instrumento, por diversão, pintando, o que quiser pintar, desenhando, o que quiser desenhar, e até dançando, mesmo quando for a um festival de música para se divertir sozinho.

Realmente não importa como você se vê nesse processo, desde que se veja como um caminho de autodescoberta, no qual, quanto mais você faz, mais entende sobre o que o faz feliz e o que realmente deseja fazer.

Experimente tudo, faça tudo e não tenha limites, porque a arte é a melhor droga para o espírito. Se você deseja se sentir no topo da vida o tempo todo, que seja com a música ou qualquer outra forma de arte. Esta é a maneira mais segura de se conectar ao divino. E também a maneira mais rápida de atrair mais riqueza para sua vida.

CONSCIÊNCIA COLETIVA

Quem ensina crianças pobres a tocar música presta um grande serviço à humanidade. E é interessante como muitas vezes não percebemos a importância dessas coisas, mas elas fazem uma enorme diferença.

Pode ser uma surpresa para você, saber que os temas mais importantes da escola sejam tipicamente os mais ignorados pela maioria; mas como pode ver agora, eles são a arte, a música e a dança. Os pais fazem mais por suas filhas e filhos, fazendo-os aprender essas coisas em vez de finanças ou qualquer outro tema, ainda que não esteja dizendo que outros assuntos não sejam igualmente importantes.

De fato, a beleza da matemática, e até das artes marciais, é encontrada em sua arte, quando se pode vê-las como arte.

Da Vinci demonstrou isso perfeitamente, ao trazer as leis da engenharia para a arte e ao combiná-las perfeitamente em seu trabalho.

About the Publisher

This book was published by the 22 Lions Bookstore.
For more books like this visit www.22Lions.com.
Join us on social media at:
Fb.com/22Lions;
Twitter.com/22lionsbookshop;
Instagram.com/22lionsbookshop;
Pinterest.com/22LionsBookshop.

www.ingramcontent.com/pod-product-compliance
Lightning Source LLC
Chambersburg PA
CBHW050446010526
44118CB00013B/1703